Inhalt

Die EZB wird angelsächsisch - Anleihenkäufe gefährden die Geldwertstabilität

Kernthesen

Beitrag

Fallbeispiele

Weiterführende Literatur

Impressum

Die EZB wird angelsächsisch - Anleihenkäufe gefährden die Geldwertstabilität

Robert Reuter

Kernthesen

- Mit ihrem OMT genannten Programm schwenkt die Europäische Zentralbank auf einen neuen Kurs.
- Die Notenbank der Euro-Zone wird Krisenländern zukünftig ihre am Kapitalmarkt unverkäuflichen Staatsanleihen abnehmen - in unbegrenzter Höhe.
- Die Bundesbank kritisiert den Kurs als

Staatsfinanzierung per Notenpresse, der unweigerlich in die Inflation führen werde.
- Der Internationale Währungsfonds hat den Entscheid begrüßt und will sich an der Organisation der Anleihenkäufe beteiligen.

Beitrag

Neuer Kurs der EZB

Die Europäische Zentralbank (EZB) definiert ihre Rolle als Zentralbank der Euro-Zone neu. Die Bank will zukünftig unbegrenzt Staatsanleihen notleidender Staaten kaufen, die sich sonst nur noch zu sehr hohen Zinsen an den Kapitalmärkten refinanzieren können. Das Anleihenkauf-Programm heißt Outright Monetary Transactions, kurz OMT. Staaten, denen die EZB hiermit unter die Arme greifen will, müssen allerdings bereits unter einen der Rettungsschirme EFSF/ESM geschlüpft und so dazu verpflichtet sein, strenge Auflagen zu erfüllen. Das Volumen des OMT soll dabei unbegrenzt sein, das heißt, die EZB muss möglicherweise die Gelddruckmaschinen anwerfen, um das Programm durchführen zu können.

OMT soll nicht nur klammen Krisenstaaten bei der

Refinanzierung helfen. Die hohen Zinsen auf griechische, portugiesische und irische Staatsanleihen schlagen nämlich auch auf die Zinsen von Bankkrediten innerhalb dieser Länder durch und hemmen darum Kreditvergabe und Wirtschaftswachstum. OMT soll daher in einem Zweiteffekt Investitionen, Häuserbau und Konsum in den kriselnden Staaten befeuern. EZB-Chef Draghi sieht OMT aus diesem Grund nicht im Widerspruch zur eigentlichen Aufgabe der EZB, nämlich die Geldwertstabilität in der Euro-Zone zu gewährleisten. Die Anleihenkäufe würden die Konjunktur in den betroffenen Ländern befördern und so auch die Preisstabilität stützen. Die EZB handele darum auch als Anleihenkäufer ganz im Sinne des Mandats der Gewährleistung der Geldwertstabilität. (1)

Abkehr vom deutschen Modell

Mit dem deutschen Verständnis von einer auf Geldwertstabilität ausgerichteten Strategie einer Notenbank ist OMT nicht zu vereinbaren. Der Schwenk der EZB bedeutet nichts anderes als die endgültige Abkehr von den Werten der Deutschen Bundesbank hin zum angelsächsischen Modell. Neben der Geldwertstabilität wird die europäische Notenbank nun auch die Stabilität des Finanzsystems, die Regulierung der Banken sowie makroökonomische Ziele zu ihren Aufgaben machen. Damit verabschiedet sie sich vom deutschen Modell, dass noch ganz von der Tradition der Bundesbank geprägt ist. Mit der neuen Aufgabenstellung wird die EZB der amerikanischen Notenbank Federal Reserve (FED) ähnlicher. In den USA war das Trauma der hohen Arbeitslosigkeit in der Zeit der großen Depression prägend dafür, dass die Fed ihre Aufgabe weitaus aktiver interpretierte als das deutsche Pendant, das sich infolge der Erfahrung mit der Hyperinflation der Zwanzigerjahre fast ausschließlich auf die Gewährleistung der Geldwertstabilität konzentrierte. Die Probleme mit der Stabilität globaler Finanzmärkte haben nun dazu geführt, dass auch die EZB zukünftig stärker Konjunktur- und Fiskalpolitik betreiben wird.

In Deutschland findet die Entscheidung Draghis darum kein Verständnis. OMT wird kritisiert als direkter Einstieg in eine EZB-Politik, die geradewegs in die Inflation führen werde. Für das Ausland ist die deutsche Inflationsangst hingegen unverständlich. Von außen betrachtet, wirkt die deutsche Haltung wie ein Reflex auf eine weit zurückliegende Zeit, der in der Gegenwart die Anwendung hilfreicher Mittel verhindert. Tatsächlich sind die Folgen einer expansiven Geldmengenpolitik nicht so klar, wie sie von deutschen Ökonomen häufig gesehen werden. So bleibt es die Frage, ob die US-Immobilienblase eine

Folge der Geldmengenpolitik der Fed war, oder ob nicht das US-amerikanische Wohnungsprogramm den Urknall der bis heute anhaltenden Finanzkrise heraufbeschworen hat.

Die angelsächsische Sicht auf die Rolle einer Notenbank ist auch deshalb nicht so sehr von Inflationsängsten geprägt, weil sie mit dem Konzept der optimalen Inflationsrate arbeitet. Demnach kann Inflation auch zu positiven makroökonomischen Effekten führen. Manche Experten glauben, dass eine (einmalige) Erzeugung von Inflation unter Umständen wie Schmieröl für die Wirtschaft wirken kann, während deutsche Ökonomen die Geldentwertung prinzipiell als Störung ansehen. (2)

Bundesbank lehnt OMT ab

Bei den deutschen Gralshütern einer stabilen Währung stößt OMT darum kaum verwunderlich auf heftige Kritik. Bundesbankchef Jens Weidmann sieht die angekündigten Anleihenkäufe als Staatsfinanzierung durch die Notenpresse. Auch die deutsche Öffentlichkeit ist gegen die Politik der EZB. Die Bundesbank sieht insbesondere die Gefahr, dass durch die Anleihenkäufe notwendige Reformen verschleppt werden, was das Vertrauen in die Fähigkeit der Politik zur Krisenlösung weiter untergraben würde. Die Interventionen durch die

EZB könnten überdies dazu führen, dass erhebliche Risiken zwischen den Steuerzahlern verschiedener Länder umverteilt werden. Dafür fehle der EZB jedoch die demokratische Legitimation, denn eine solche Umverteilung müsse von Parlamenten und Regierungen beschlossen werden. (5)

Internationaler Währungsfonds begrüßt den Paradigmenwechsel

Begeisterung löst OMT hingegen beim Internationalen Währungsfonds (IWF) aus. IWF-Chefin Lagarde sieht die große Geldspritze als einen wichtigen Schritt, um Stabilität und Wachstum in der Euro-Zone zu sichern. EZB-Präsident Mario Draghi kündigte bereits an, den IWF um Unterstützung beim Anleihenkaufprogramm zu bitten. Dabei soll der IWF vor allem bei der Ausarbeitung und Überwachung der Anpassungsprogramme eingebunden werden, die von den Euro-Rettungsfonds verlangt werden. Auch der Kommissionspräsident der Europäischen Union (EU), José Manuel Barroso, und Italiens Regierungschef Mario Monti sehen die Zukunft der Euro-Zone nach den jüngsten EZB-Beschlüssen positiv. Der Plan von EZB-Chef Mario Draghi zum unbegrenzten Kauf von Staatsanleihen sei ein wichtiger Schritt hin zu einer besseren Steuerung der Euro-Zone. (3), (4)

Trends

Spanien auf der Kippe

Nur eine Frage der Zeit ist es nach Ansicht von Beobachtern, bis auch Spanien unter den Rettungsschirm schlüpfen muss. Offen ist nur noch, wann Madrid die Hilfe beantragt. Noch in diesem Monat, glauben Analysten, Anleger, Ökonomen und Politiker übereinstimmend, wird Spanien einen neuen Antrag an den EU-Rettungsfonds stellen müssen. Die bereits in Anspruch genommenen 100 Milliarden Euro, die Spanien in Form eines Kreditpakets mit dem Ziel der Rettung seiner Banken erhalten hat, hatten keine Wirkung und sind am Kapitalmarkt praktisch verpufft. Nach wie vor verlangen Anleger horrende Renditen, bevor sie bereit sind, spanische Staatsanleihen zu kaufen. Für Schuldscheine mit zehnjähriger Laufzeit liegt die Forderung derzeit bei 6,7 Prozent. (7)

Fallbeispiele

Deutsche misstrauen Draghi

Eine aktuelle Umfrage belegt das tiefe Misstrauen, das die deutsche Bevölkerung gegenüber EZB-Chef Draghi hegt. 42 Prozent der Bundesbürger haben kein oder nur geringes Vertrauen in den 65 Jahre alten Notenbankchef und seine Politik. Nur 18 Prozent der Deutschen schätzen den obersten Währungshüter der Euro-Zone. (6)

Bundesverfassungsgericht weist Klage ab

Das Bundesverfassungsgericht (BVG) in Karlsruhe hat die Klage gegen die Installation des neuen, dauerhaften Rettungsfonds ESM abgelehnt. Die von 37 000 Bürgerunterschriften gestützten Eilklagen wurden in diesen Tagen abgewiesen. Das Gericht gab allerdings zu, ein Urteil über die Verfassungsmäßigkeit supranationaler Einrichtungen wie eben des ESM nur schlecht fällen zu können. Es sei zwar unwahrscheinlich, dass der neue Fonds das Grundgesetz verletze, doch liege es nicht in der Kompetenz und im Vermögen des BVG, dies zu beurteilen. Einen Erfolg brachte das Urteil den Klägern dennoch. Karlsruhe legte fest, dass die deutschen ESM-Garantien 190 Milliarden Euro nicht überschreiten dürften. (8)

Weiterführende Literatur

(1) Politiker wollen gegen das EZB-Anleihenkaufprogramm klagen Schäuble verteidigt EZB - Mannheimer Ökonom Grüner: In Untergangsszenario auch Preisstabilität gefährdet - Draghi argumentierte mit diesem Primärmandat
aus Börsen-Zeitung, 08.09.2012, Nummer 174, Seite 6

(2) Inflation als Preis für den Euro
aus Finanz und Wirtschaft vom 05.09.2012, Seite 3

(3) Die EZB erlöst die Märkte
aus Finanz und Wirtschaft vom 08.09.2012, Seite 22

(4) IWF bejubelt Draghis Großrisikokurs
aus manager-magazin.de vom 07.09.2012

(5) Bundesbank lehnt Anleihekäufe weiter ab
aus manager-magazin.de vom 07.09.2012

(6) Deutsche misstrauen EZB-Chef Draghi
aus manager-magazin.de vom 06.09.2012

(7) Nur eine Frage der Zeit
aus Handelsblatt Nr. 152 vom 08.08.2012 Seite 014

(8) Im Zweifel für den Euro
aus DIE WELT, 13.09.2012, Nr. 215, S. 4

Impressum

Die EZB wird angelsächsisch - Anleihenkäufe gefährden die Geldwertstabilität

Bibliografische Information der deutschen Nationalbibliothek

Die Deutsche Nationalbibliothek verzeichnet diese Publikation in der deutschen Nationalbibliografie; detaillierte bibliografische Daten sind im Internet über http://dnb.d-nb.de abrufbar.

ISBN: 978-3-7379-1693-6

© 2015 GBI-Genios Deutsche Wirtschaftsdatenbank GmbH, Freischützstraße 96, 81927 München, www.genios.de

Alle Rechte vorbehalten. Dieses Werk ist einschließlich aller seiner Teile – z.B. Texte, Tabellen und Grafiken - urheberrechtlich geschützt. Jede Verwertung außerhalb der Grenzen des Urheberrechtsgesetzes bedarf der vorherigen Zustimmung des Verlags. Dies gilt insbesondere auch für auszugsweise Nachdrucke, fotomechanische

Vervielfältigungen (Fotokopie/Mikroskopie), Übersetzungen, Auswertungen durch Datenbanken oder ähnliche Einrichtungen und die Einspeicherung und Verarbeitung in elektronischen Systemen.